POESIA VOLÚVEL

Editora Appris Ltda.
1.ª Edição - Copyright© 2025 do autor
Direitos de Edição Reservados à Editora Appris Ltda.

Nenhuma parte desta obra poderá ser utilizada indevidamente, sem estar de acordo com a Lei nº 9.610/98. Se incorreções forem encontradas, serão de exclusiva responsabilidade de seus organizadores. Foi realizado o Depósito Legal na Fundação Biblioteca Nacional, de acordo com as Leis nos 10.994, de 14/12/2004, e 12.192, de 14/01/2010.

Catalogação na Fonte
Elaborado por: Dayanne Leal Souza
Bibliotecária CRB 9/2162

M188p 2025	Magalhães, Rafael Vieira de Poesia volúvel / Rafael Vieira de Magalhães. – 1. ed. – Curitiba: Appris, 2025. 70 p. ; 21 cm. ISBN 978-65-250-7284-5 1. Poesia. 2. Volúvel. 3. Solúvel. 4. Tempo. 5. Cotidiano. 6. Fluidez. I. Magalhães, Rafael Vieira de. II. Título. CDD – 869.1

Livro de acordo com a normalização técnica da ABNT

Appris editora

Editora e Livraria Appris Ltda.
Av. Manoel Ribas, 2265 – Mercês
Curitiba/PR – CEP: 80810-002
Tel. (41) 3156 - 4731
www.editoraappris.com.br

Printed in Brazil
Impresso no Brasil

RAFAEL VIEIRA DE MAGALHÃES

POESIA VOLÚVEL

CURITIBA, PR
2025

FICHA TÉCNICA

EDITORIAL	Augusto V. de A. Coelho
	Sara C. de Andrade Coelho
COMITÊ EDITORIAL	Marli Caetano
	Andréa Barbosa Gouveia (UFPR)
	Edmeire C. Pereira (UFPR)
	Iraneide da Silva (UFC)
	Jacques de Lima Ferreira (UP)
SUPERVISORA EDITORIAL	Renata C. Lopes
PRODUÇÃO EDITORIAL	Sabrina Costa
REVISÃO	José Bernardo
DIAGRAMAÇÃO	Bruno Ferreira Nascimento
CAPA	Daniela Baumguertner
REVISÃO DE PROVA	Daniela Nazario

A realidade nos escapa
Como um pássaro
Que voa nas asas do tempo!

sumário

poesia volúvel 9
o mundo sem você 10
o meu caderno 11
boas recordações 12
sarau do menestrel 13
apenas pensou 14
as cantigas de ninar 15
desejo 16
dez mil anos 17
o professor 18
canarinho 19
nuvens voando 20
agora mesmo 21
cinema nas estrelas 22
os dias namoram 23
a água do rio 24
volúvel solúvel 25
fagulha antiga 26
monstro 27
luxo/lixo 28
além de longe 29
linha do horizonte 30
jardim secreto 31
lua cheia 32
a poesia é companheira 33
tarja preta 34
saída de emergência 35
o fim da peça 36

sonho	37
narciso	38
passo a passo	39
fantasma	40
o tempo tem tempo	41
sonhar é voar	42
seja o que for	43
sobre pedro	44
pedra	45
só	46
epifania	47
colapso no espaço	48
astros	49
luz da lua	50
a água na margem	51
lua cheia	52
solução	53
ninguém	54
parapeito	55
o grito	56
procurando amoras	57
tudo	58
obrigado	59
vaso vazio	60
aquecido	61
sorria	62
história de amor	63
joão-de-barro	64
noite de são joão	65
palavra desperta	66
amor volúvel	67
flor de lótus	68
silêncio na galeria	69

poesia volúvel

poesia volúvel
mutável, flexível
indecifrável
imprevisível
poesia volúvel
espuma do mar
nuvem no ar
luz do luar
poesia volúvel
poeira de estrela
água de cachoeira
areia movediça
ponte levadiça
poesia volúvel
trem a vapor
liquidificador
pássaro ninho
taça de vinho
poesia volúvel
gota de orvalho
carta de baralho
lava de vulcão
chuva de verão
poesia volúvel
disco voador
maçã do amor
brisa da manhã
raio de tupã

o mundo sem você

o mundo sem você não existe
não é profundo nem triste
não é alegre nem contente
é simplesmente indiferente

não é melhor nem pior
não é menor nem maior
não é amigo nem inimigo
não é abrigo nem perigo

não é verão não é inverno
não é externo, não é interno
não é igual nem desigual
não é real nem surreal

não surge nem parte
não divide nem reparte
não some nem consome
não tem sede, não tem fome

o meu caderno

o meu caderno
é feito de histórias
feito de palavras
feito de memórias

o meu caderno
é um doce de criança
feito de esperança
feito de lembrança

o meu caderno é de capa dura
é de capa dura, é de rapadura
como se houvesse
a cura da loucura
a cura da loucura
a cura da loucura

o meu caderno é de rapadura
é de rapadura, é de capa dura
como se fosse
poesia pura
poesia pura
poesia pura

o meu caderno
é meu primeiro verso
meu verso reverso
é meu universo

o meu caderno
ainda tem seu cheiro
e com você no meio
é cheio de recheio

boas recordações

vou parar de inventar histórias
ando farto de tantas fantasias
prefiro inventar memórias
do que ficar adiando poesias

me lembro de amanhã
como se fosse ontem
e depois de amanhã
como de anteontem

não sei onde estava
com a cabeça coração
agora antes que esqueça
que horas são?

ano que vem espero
que não chegue
apressado
ano passado espero
que chegue
atrasado,
mas esse ano
quero
boas recordações.
ando cansado
de não abrir
meu coração.

sarau do menestrel

tenho caneta e papel
venho de longe pra contar
você conhece o menestrel?
se não conhece vou cantar
um viajante violeiro aventureiro
um trovador e rimador
que viajava o mundo inteiro
não tinha tempo ruim
pro nobre cavalheiro
rima pobre, rima rica
ele rimava o tempo inteiro
coisa engraçada misturada
emaranhada, embaraçada,
bagunçada, alvoroçada, arrepiada
coisa pequena
uma formiga sem antena
sem problema e sem algema
ele sabia se virar
coisa legal, varal no fundo do quintal
que tal, então, eu e você
você e eu no meu sarau?

apenas pensou

quando o vento levou a minha

                            pe

                  a   na   **nas**

                          pe

                        pen

                                    sou

e agora, quanto tempo se passou?

as cantigas de ninar

cada verso dessa história
que agora vou contar
estava escrito na memória
quem quiser pode lembrar
pra você e mais ninguém
essa história vou contar
você sabe muito bem
que ninguém vai recordar
as cantigas de ninar
nascem em qualquer lugar
o sereno no pomar
as estrelas ao luar
como a brisa vem do mar
e entra na sala de estar
é tão simples começar
basta apenas caminhar
deve haver algum lugar
pra viver e se aninhar
numa rede a balançar
pra você quero cantar
as cantigas de ninar
as histórias mais antigas
as cantigas de ninar
as histórias mais antigas

desejo

SEJA DESEJO QUE ASSIM

dez mil anos

um dia andando nas ruas da cidade,
vi um menino sentado na calçada
foi quando perguntei a sua idade
ele achou a pergunta engraçada
ficamos amigos na mesma hora
ele sempre falava sobre tudo
e sobre o que era o amor.
ele era meu amigo, Maluco Beleza!

o professor

o tempo
tem rigor
flexível
o tempo
do tempo
é incrível
o tempo
tem trabalho
temporário
o problema
do tempo
é o horário
quem você
ama hoje faz
aniversário
o tempo é
de elástico
o relógio é
de plástico
o tempo é
fantástico
não sei quanto
tempo se passou,
só sei que o amor
é o maior professor

canarinho

Canarinho da terra
Andorinha do rio
Ninei da serra
Alma de gato
Rolinha roxa
Irerê viuvinha
Noivinha branca
Harpia sozinha
Olho branco e bem-te-vi

nuvens voando

PÁSSAROS CANTANDO

NUVENS PASSANDO

DIAS VOANDO

agora mesmo

mesmo antes

antes mesmo

mesmo antes

antes mesmo

mesmo antes

antes mesmo

mesmo antes

antes mesmo

mesmo antes

agora mesmo

cinema nas estrelas

na minha varanda o cinema é o pôr do sol
as nuvens lá de cima puxam meu lençol
estouro pipocas e faço grandes fogueiras
à noite o céu é um filme cheio de estrelas
a luz logo se apaga antes da cena do beijo
vejo o sol poente e a lua cheia de desejo
iluminando a escuridão com seu farol
o vagalume é o lume de um girassol
aperto o passo e faço um laço de cowboy
a solidão no espaço agora é o que me dói
a imensidão, as emoções e as sensações
recordações, milhares de constelações
um bang-bang selvagem é o faroeste
a noite inteira é um verdadeiro velho oeste

os dias namoram

tem dias que as horas não param
tem dias que as horas voam
tem horas que os dias disparam
tem horas que os dias ecoam

tem dias que as horas se separam
tem dias que as horas se envolvem
tem horas que os dias reparam
tem horas que os dias se movem

tem dias que as horas são momentos
tem dias que as horas demoram
tem horas que os dias são lentos
tem horas que os dias namoram

a água do rio

a água do rio foi para o mar
nada pode voltar
a água do rio foi para o oceano
nada ser humano
a água do rio caiu no atlântico
nada é mais romântico

volúvel solúvel

Volúvelsolúvel

fagulha antiga

fagulha antiga
faísca que risca
palha que espalha
lápis que rabisca

fagulha antiga
estrela cadente
saliva no dente
fogueira ardente

fagulha antiga
forno de chão
chapa quente
lava de vulcão

fagulha antiga
agulha que fura
beijo com ternura
paixão ninguém segura

monstro

agora o bicho pegou
agora o tempo acabou
não adianta pedir socorro
vou soltar o meu cachorro
te demonstro o monstro
que mora dentro de mim
que come pedra e capim
que não dorme com fome
que não sabe o meu nome
que assombra a sombra
que me tromba e me lomba
que arrasta correntes
no porão da minha mente
um estranho enfurecido
um dragão adormecido

luxo/lixo

LUXO
LIXO

além de longe

longe, além de longe
passa a linha do horizonte
num buraco de agulha
que costura uma ponte
onde o sol poente se esconde
longe além de longe

linha do horizonte

E
T
N
O
Z
I
R
O
H

do

───────────── *linha* ─────────────

jardim secreto

uma flor abrindo
outra colorindo
uma flor vermelha
outra cor de abelha
uma amarela
outra na janela
uma flor marrom
outra sem batom
uma flor laranja
outra sem a franja
uma azul anil
outra ninguém viu
uma flor de maio
outra que desmaio
uma é violeta
outra é borboleta

lua cheia

noite de lua cheia
viola que ponteia
não há escuridão
só o som do violão

noite de lua cheia
serpente serpenteia
lá no alto da montanha
uma teia de aranha

noite de lua cheia
canto de sereia
canto de todos os cantos
essa sereia tem seus encantos

noite de lua cheia
no mar onda passeia
na beira onde dá pé
o mar vira maré

a poesia é companheira

a poesia é companheira
a fantasia é a multidão
a poesia é a parceira
a fantasia é a solidão

a poesia é companheira
a fantasia é meu sertão
a poesia é a fronteira
a fantasia é a divisão

a poesia é companheira
a fantasia é um furacão
a poesia é passageira
a fantasia é um tufão

a poesia é companheira
a fantasia é uma ilusão
a poesia é verdadeira
a fantasia não é não

tarja preta

Meu bem,
Tarja preta
Não tem cura.
Pra mim,
O melhor remédio
É a loucura!

saída de emergência

a melhor escolha da vida
a melhor saída de emergência
é o amor
o melhor caminho a seguir
o melhor jeito de saber
é o amor
o melhor jeito de provar
o melhor jeito de sentir
é amar

o fim da peça

vai começar o espetáculo
as cortinas se abrem
não tem nenhum obstáculo
as retinas já sabem
é um início difícil
não vou fazer sacrifício
desvio de um edifício
evito outro precipício
não quero nem espiar
medo do medo no ar
não precisa arrepiar
agora é só respirar
calafrio só de pensar
o temor tem que parar
o tremor não cessa
o terror começa
alguém tropeça
é o fim da peça

sonho

sigo as rotas do tempo
ouço as notas do vento
quando não consigo
sigo mais lento

sigo meu pensamento
ouço meu sentimento
quando não duvido
sigo mais intenso

sigo cada momento
ouço cada movimento
quando não tem alento
sigo um sonho e invento

narciso

narciso não ri à toa
não ouve a voz que ecoa
diz que não perde o juízo
não fica indeciso
diz que não perde a razão
não tem indecisão
não gosta de ver
o outro crescer
não pensa em deixar
o outro sonhar
não sabe o que aconteceu
pensa que o outro sou eu
não consegue vê
que o outro não é você

passo a passo

passo a passo
o desejo deixa um traço
um abraço apertado
um suspiro dobrado
um olhar na esquina
a retina e a rotina
o teu corpo suado
foi um beijo bem dado
ninguém fica salvo
foi flecha no alvo
foi pele e barriga
separa que é briga
foi a queima roupa
foi um beijo na boca

fantasma

fantasma é alguém que volta da ida
alguém que viveu a vida
e desistiu da partida
fantasma invisível
herói do impossível
alma penada
não faz nada
nem sentido
tá sumido
desaparecido
deve ter ido
ou então
desistido

o tempo tem tempo

o tempo leva tempo
leva o que sobrou do vento
leva leve o pensamento
o tempo é rápido ou lento
o tempo passa devagar
o tempo passa sem parar
o tempo para reparar
o tempo para imaginar
o tempo da imaginação
o tempo da ação e reação
o tempo do verbo existir
o tempo não quer desistir
o tempo sempre tem tempo
o tempo nunca para no tempo
o tempo só parou naquele momento

sonhar é voar

sonhar é voar
imaginar um jardim
à tarde para passear
ouvir a flor e o passarinho
sonhar é voar
no bater de asas de um inseto
poder examinar
tudo mais de perto
sonhar é voar
sobrevoar a lagoa
como uma gaivota
na garoa
sonhar é voar
subir de árvore em árvore
descansar numa rede no ar
sonhar é voar

seja o que for

Seja o que for, seja você!

sobre Pedro

quando saulo
me fala sobre paulo,
sei mais de saulo
do que de paulo
quando saura
me fala sobre laura,
sei mais de saura
do que de laura
quando sara
me fala sobre lara,
sei mais de sara
do que de lara
quando lana
me fala sobre ana,
sei mais de lana
do que de ana
quando abel
me fala sobre babel
sei mais de abel
do que de babel

pedra

até
uma
pedra
pode atirar
até
uma
trégua
pode acabar
até
uma
regra
pode quebrar
até
uma
régua
pode passar
até
uma
légua
pode
caminhar
até
uma
pedra
pode rolar

SÓ

só
um
par
ím
par
se
par
te
se
se
se
re
par
te
um
par
só

epifania

água da fonte
vem cristalina
além da ponte
tem a colina

água da pia
vem da floresta
só alegria
agora é festa

colapso no espaço

colapso no espaço
entre o sol e a lua
uma estrela flutua...

astros

ago
rao
sol
dos
out
ros
ast
ros
ris
cou
nos
sos
pas
sos

luz da lua

pérola de madrepérola
reflexo distante
voo de libélula
brinco de brilhante
delírio de lírio
copo de leite
violeta nua
é a luz
da lua

a água na margem

a imagem
da
água
na margem
da
folhagem
(es)corre
rapidamente
e percorre
o outro
lado do lago
novamente
a imagem
da água
na margem
da
folhagem
(per)corre
lentamente
e transborda
do outro
lado do lago
eternamente
(...)

lua cheia

lua cheia de gracejos
lá vem você
com seus desejos

solução

palavra é igual à palavra
trabalho é igual ao trabalho
lavra é igual à lavra
salário é igual ao salário
volúvel é a transformação
não tem problema,
o poema é a

ç-o-l-u-s-ã-o

ninguém

não tem presença
não tem sombra
não tem diferença
ninguém lembra
não tem cor
não tem dente
não tem dor
ninguém sente
não tem forma
não tem gente
não tem norma
ninguém entende
não tem hora
não tem tempo
nem por fora
nem por dentro.

parapeito

cada um lembra

que esquece

do seu jeito

o grito

o som da cigarra é o grito
o eco do horizonte é infinito
o som da cigarra some
o silêncio me consome

o grito da cigarra agarra
o som no ouvido amarra
queria gritar o seu nome
queria o seu telefone

o grito da cigarra tem garra
o grito da cigarra é guitarra
seu nome em negrito é enorme
o som da cigarra não dorme

procurando amoras

procurando amoras
semeando a terra
calculando as horas
percorrendo a serra

escolhendo as rotas
vasculhando a sala
dedilhando as notas
lapidando a fala

escrevendo livros
descrevendo versos
dissolvendo risos
vendo universos

relembrando o tempo
separando o trigo
esperando o vento
espalhando abrigo

tudo

estudo tudo
todo conteúdo,
depois esqueço tudo,
pois uma palavra pode mudar tudo!
então me formo e me transformo,
não fico parado em silêncio, mudo!

obrigado

obrigado por não dizer obrigado,
agora vou ser obrigado a dizer
obrigado por não ter dito obrigado
e obrigado por não ter sido obrigado
a dizer obrigado contra minha
própria vontade de dizer obrigado,
mas agora serei obrigado a dizer obrigado.
e por isso obrigado, também por não ter brigado
obrigado!

vaso vazio

não há nada
dentro do vaso vazio
só um pequeno pedaço de espaço
não há nada observável
nada provável, nada palpável
só uma forma de vaso vazio
sem conteúdo dentro
sem nada em seu interior
nada anterior, nada posterior
não está cheio de recheio
não tem nada no meio
só o vácuo opaco
o vaso está oco
só o ar se você
para para
reparar

aquecido

vou escrevendo sem pensar
uma palavra bem devagar
depois outra em câmera lenta
uma palavra a gente inventa

faço uma frase com alguma rima
a outra frase quase se aproxima
contínuo até formar um verso
depois escrevo algo inverso

rabisco um pouco o canto do papel
em todo canto tem uma estrela no céu
da janela de casa vejo uma rã no rio
e bem de manhã o sol aquece o frio

vou tecendo cada palavra do texto
a textura do texto também é contexto
a palavra cobre o corpo de sentido
agora sim, o meu amor está aquecido

sorria

acho que o rio ria no riacho
e que a pena ria no penacho
e que a canoa ria na lagoa
e que a garoa agora ria à toa
e que a nuvem também vai sorrir
e que chuva vai chorar de rir
acho que a vida ria distraída
acho que rir era a melhor saída
acho que a tristeza dá e passa
acho que só o bobo acha graça

história de amor

à noite caiu no escuro
não acho o que procuro
uma estrela cadente brilhou
ou foi um vagalume que piscou

as árvores balançam no vento
balançam com as folhas que invento
sentindo o perfume da flor
escrevo uma história de amor

joão-de-barro

enquanto escrevo os pássaros cantam
são as suas canções que me encantam
fui à casa de um joão-de-barro
fui voando dentro do meu carro

ele adora violão e viola
ele mora numa graviola
assovia por toda floresta
sua casa hoje está em festa

noite de São João

puxa o fole sanfoneiro
que hoje é noite de São João
qual será o paradeiro
de São Cosme e Damião?
qual será o paradeiro
de São Jorge e seu dragão?
hoje à noite tem quadrilha
arrasta-pé e baião,
mas só penso na morena
que roubou meu coração,
mas só penso na morena
que ganhou meu coração
hoje à noite tem fogueira
vinho quente tem quentão,
mas só penso na morena
que roubou meu coração,
mas só penso na morena
que ganhou meu coração
hoje à noite tem estrelas
quanta gente no sertão,
mas só penso na morena
que roubou meu coração,
mas só penso na morena
que ganhou meu coração
não tem cobertor de orelha
não tem chá de cafuné
não tem chaminé vermelha
não tem chão nem busca pé
não tem quadril na quadrilha
não tem dança de salão
não tem balance na trilha
olha a bolha de sabão,
mas só penso na morena
que roubou meu coração,
mas só penso na morena
que ganhou meu coração
mas só penso na morena
que quebrou meu coração

palavra desperta

a palavra desperta, estimula e excita
é um cachorro na rua que late
é a mulher na lua que grita

é a sala com a cortina transparente
é o sofá da sala, um divã
é a diva com a voz envolvente

é a gola da camisa desabotoada
é o batom no guardanapo da mesa
é o perfume de uma flor desabrochada

é a língua que passeia no dente
é o dente que morde os lábios
é o fogo da paixão ardente

é a manhã que já vai nascer
é a alegria de contemplar
é a flor que vai florescer

amor volúvel

amor volúvel, amor solúvel
amor na chuva, ou no dilúvio
amor na rua, amor na lua
ou usufrua, ou distribua
amor depois, amor agora
amor a dois, amor lá fora
amor que passa, amor de graça
amor que fica, amor que abraça
amor com fome, amor sem nome
amor que some, que se consome
amor tranquilo, amor sereno
amor antigo, amor eterno

flor de lótus

flor de lótus
óculos e binóculos
fótons e prótons
microscópio
micróbios
átomos
hiato
fato e boato
peixe-boto
perdigoto
zigoto
risoto
depois
arroz

silêncio na galeria

a noite cobria o céu
a estrela se descobria
parada no rodoanel
deitada na rodovia

.

.

.

a noite cobria o céu
de costas pro acostamento;
caminho sozinho ao léu,
sozinho caminha o tempo

.

.

.

a noite cobria o céu
envolta, à parte, coberta;
esqueço que amanheceu,
encontro a parede aberta

.

.

a noite cobria o céu,
a estrela sente alegria,
palavra cai no papel,
silêncio na galeria.